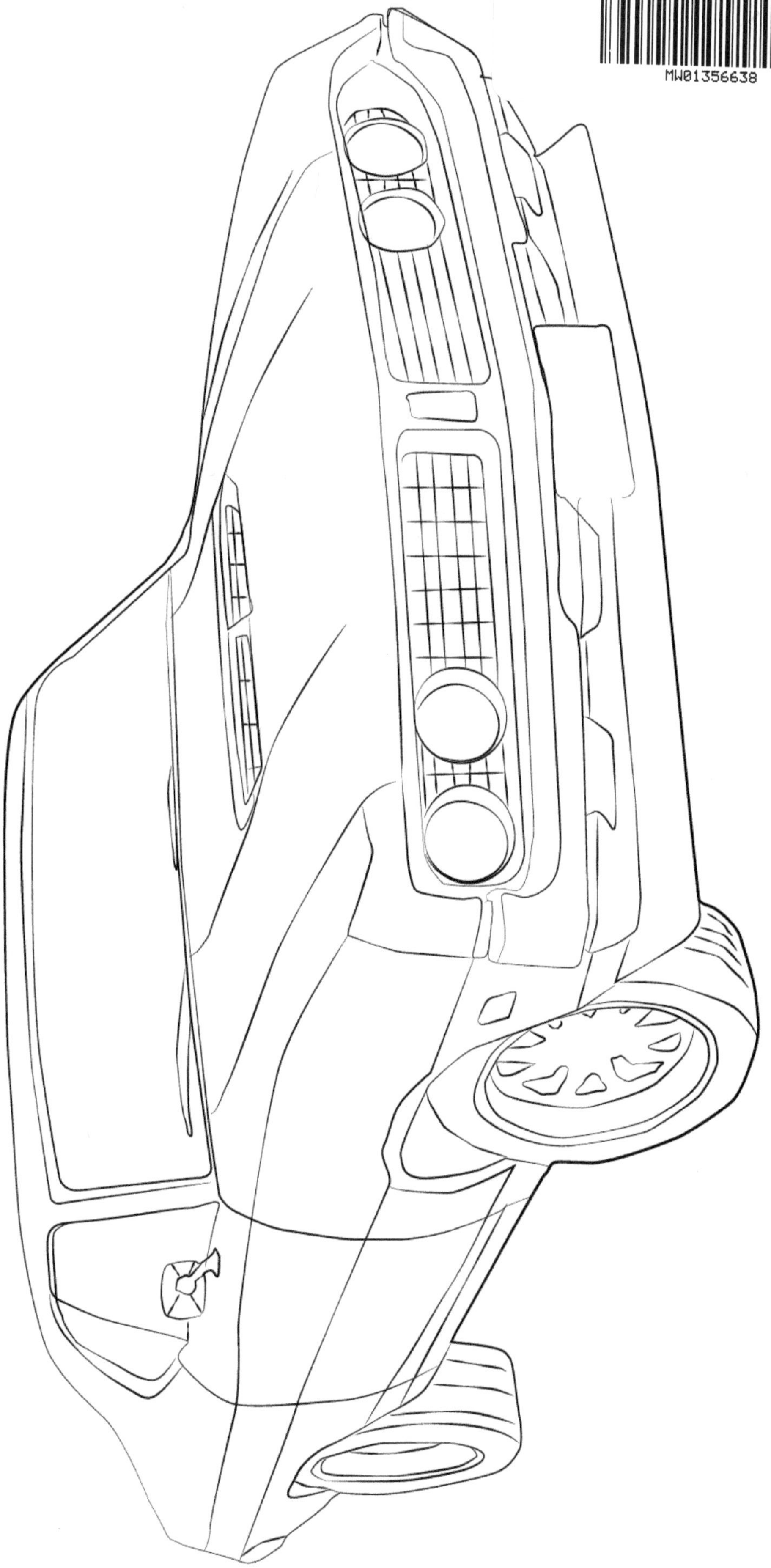

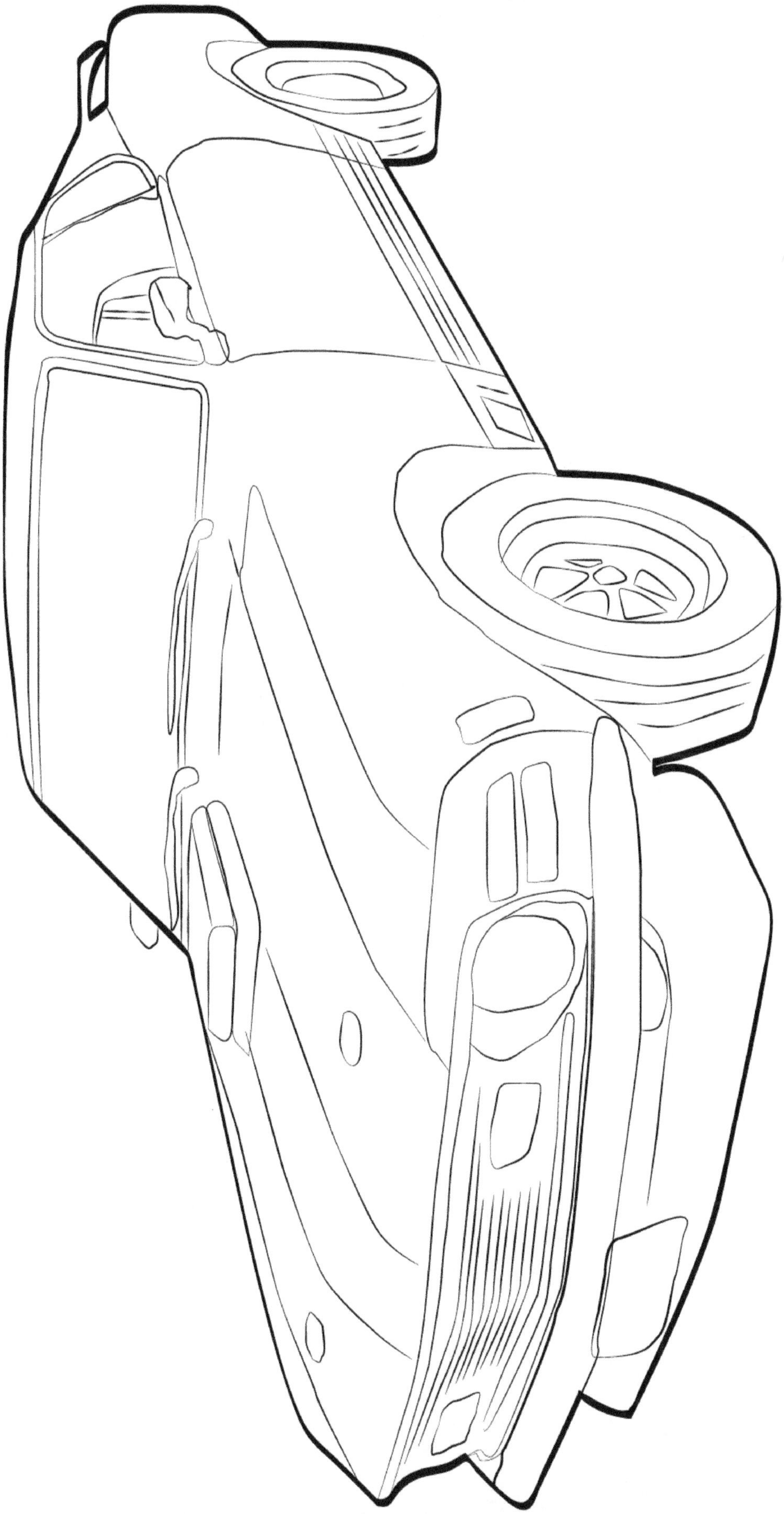

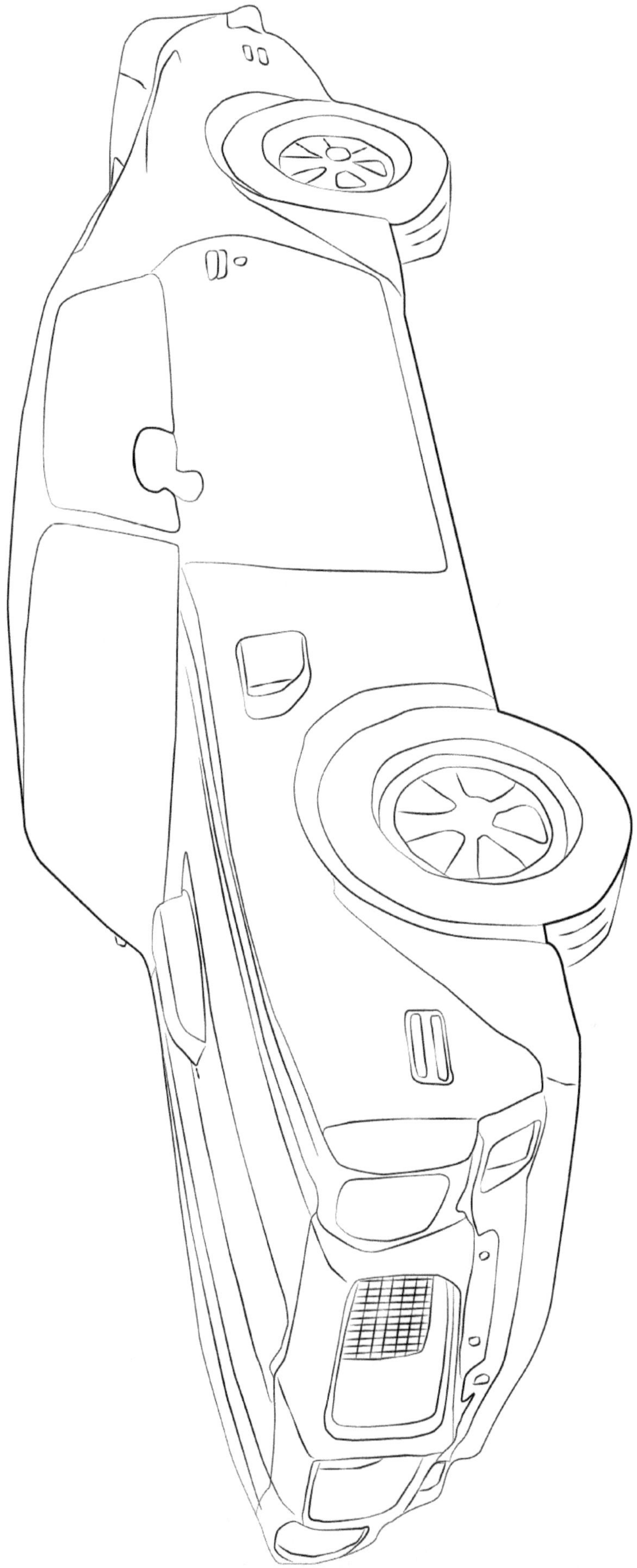

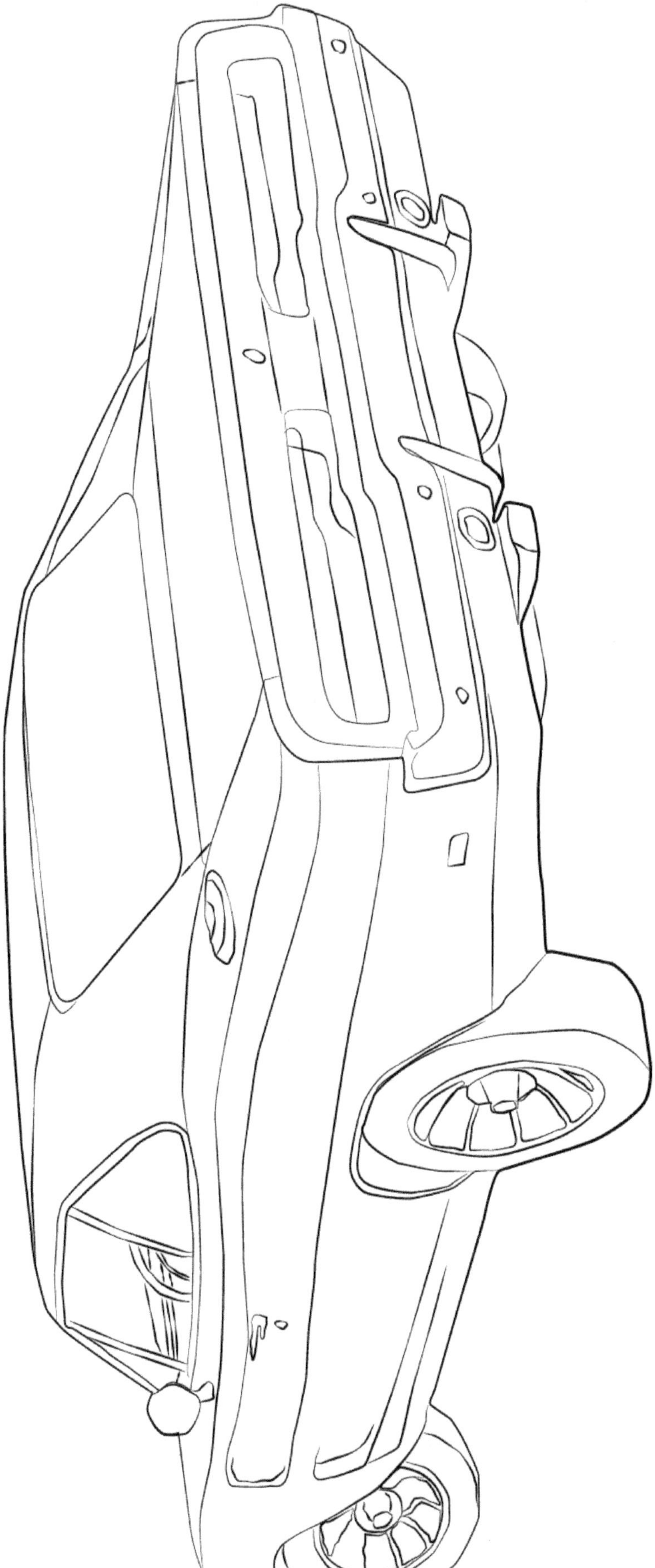

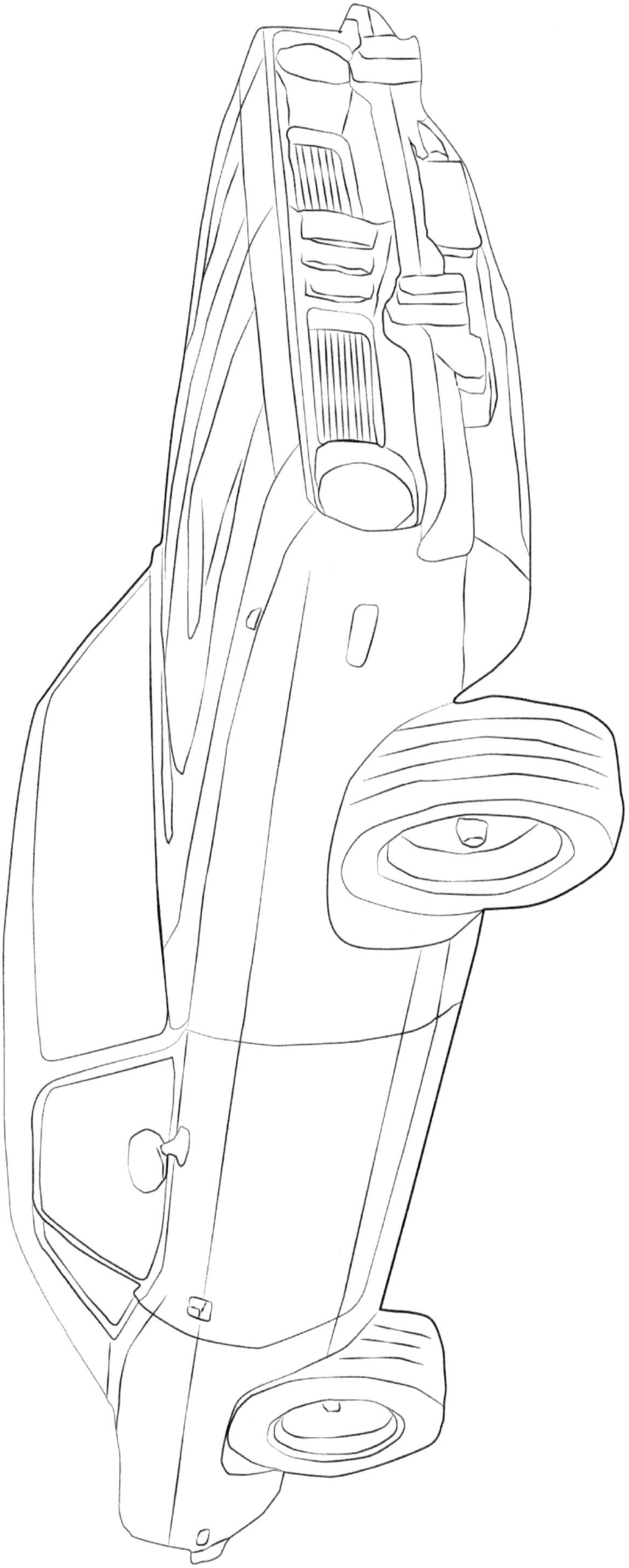

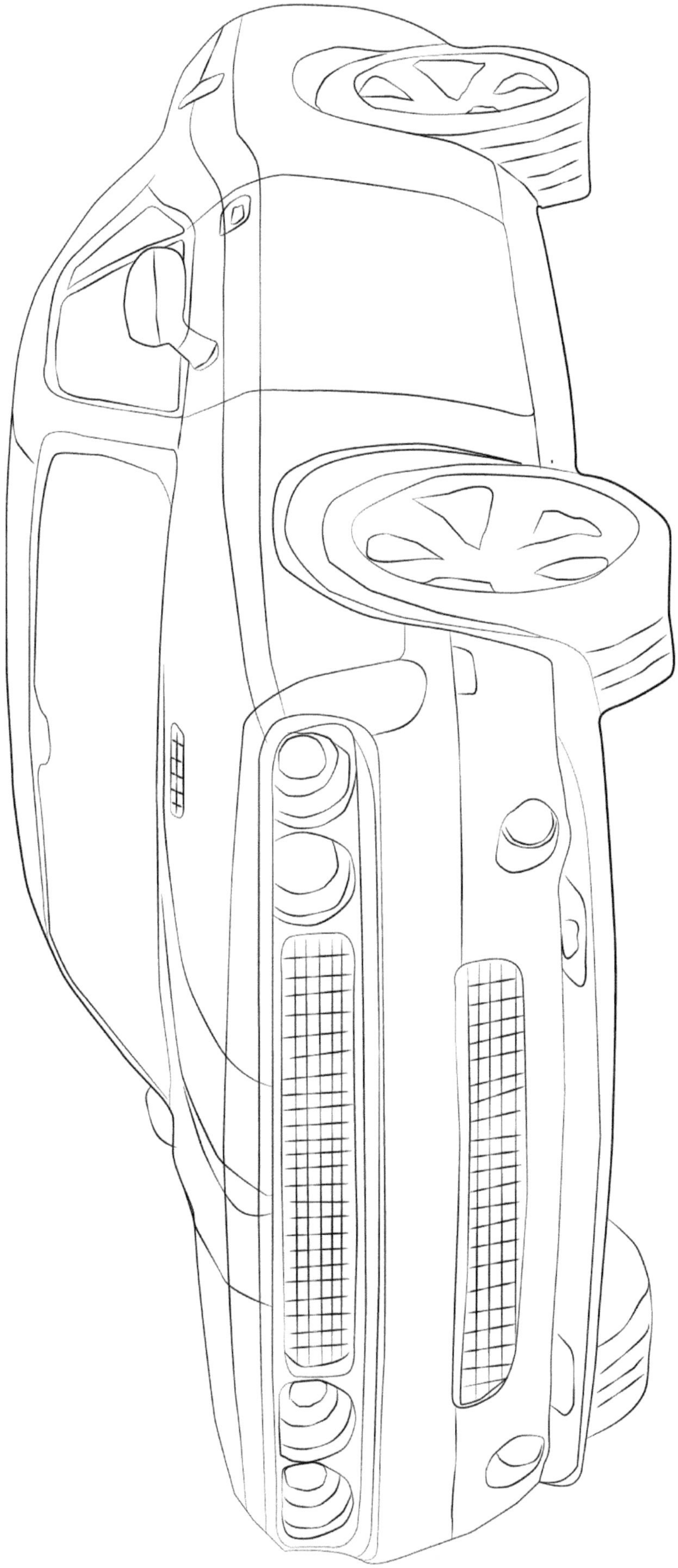

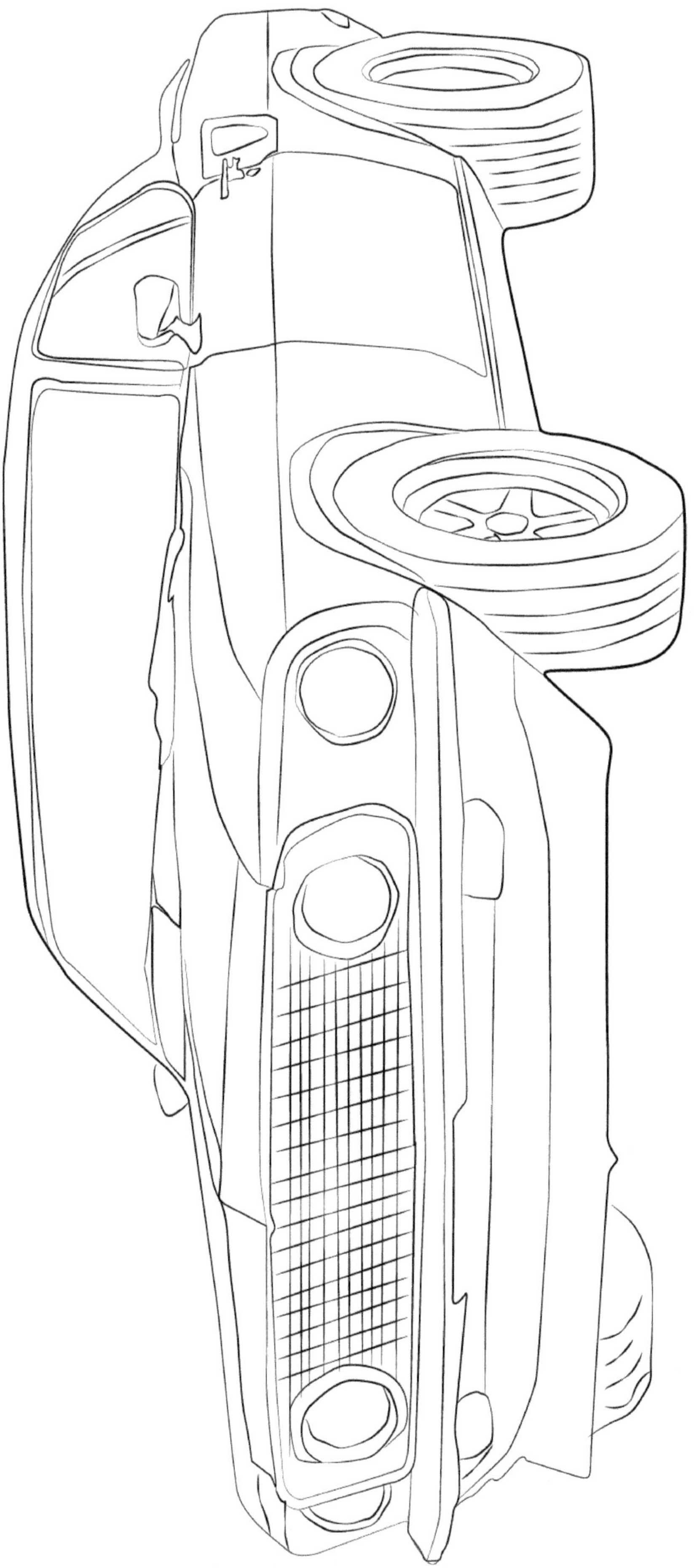

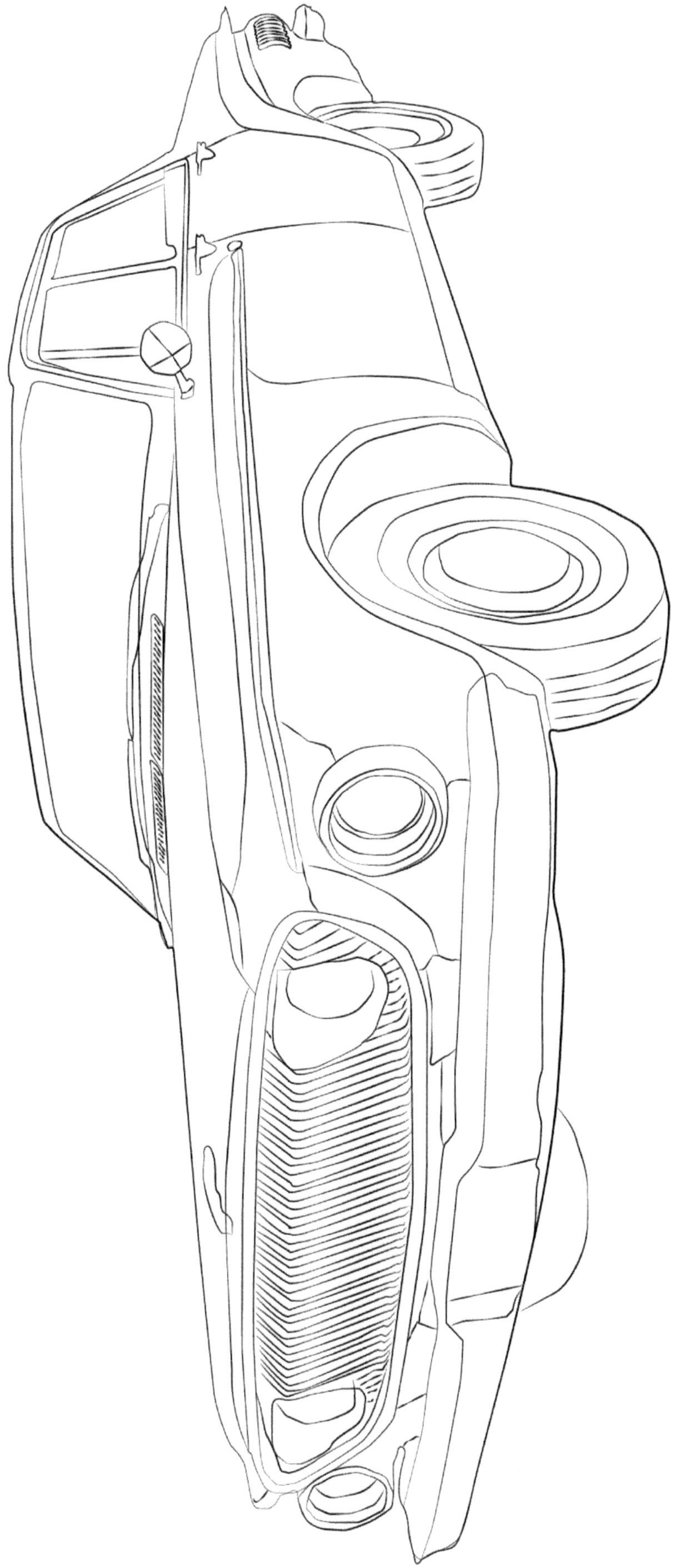

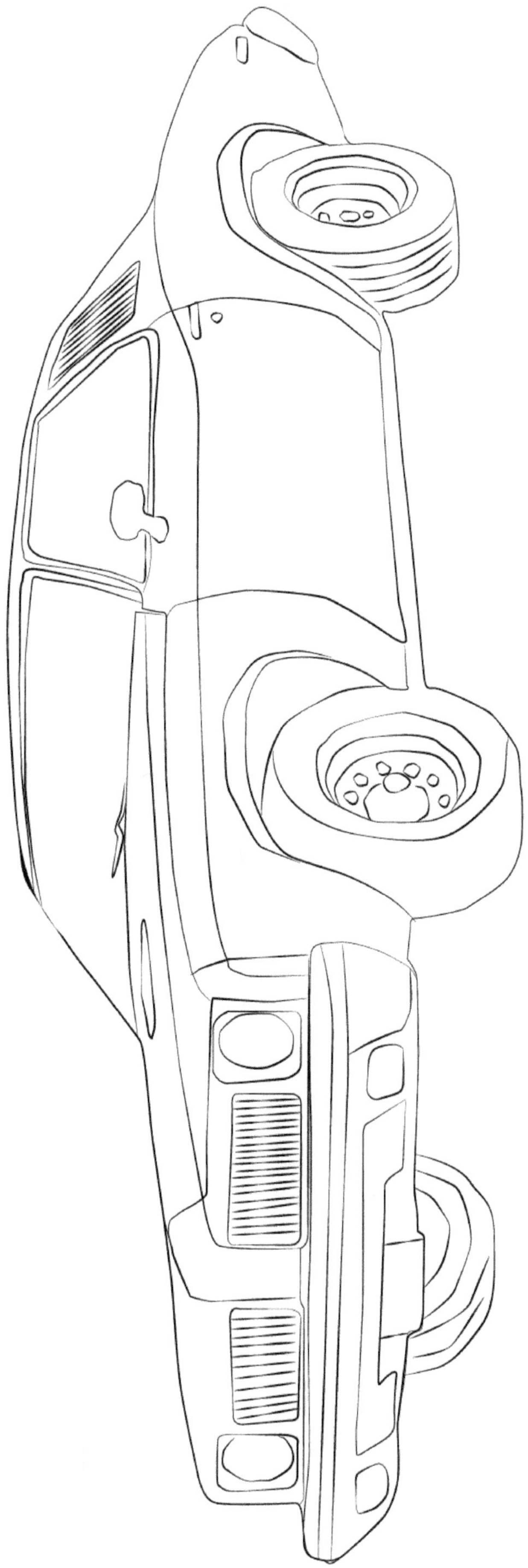

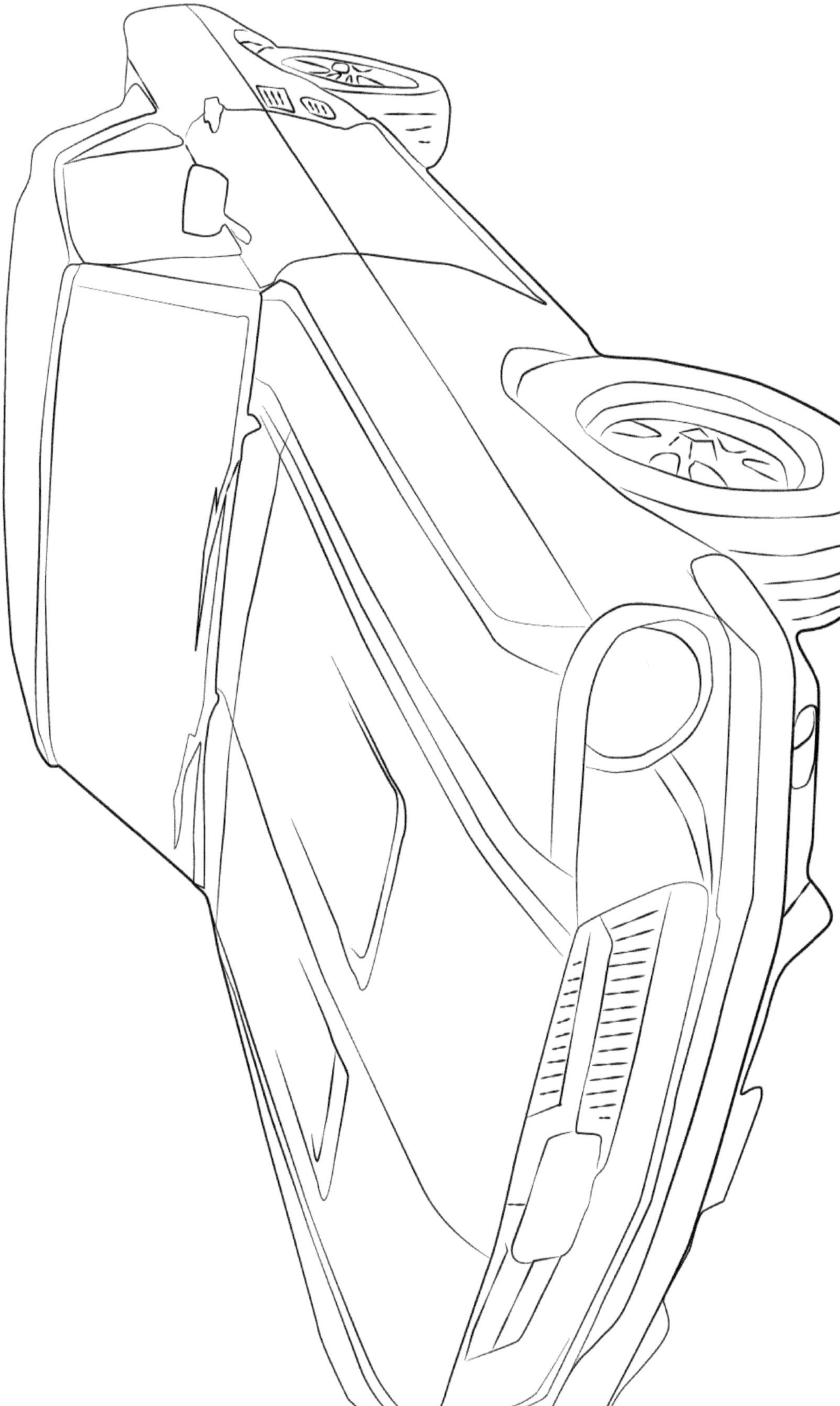

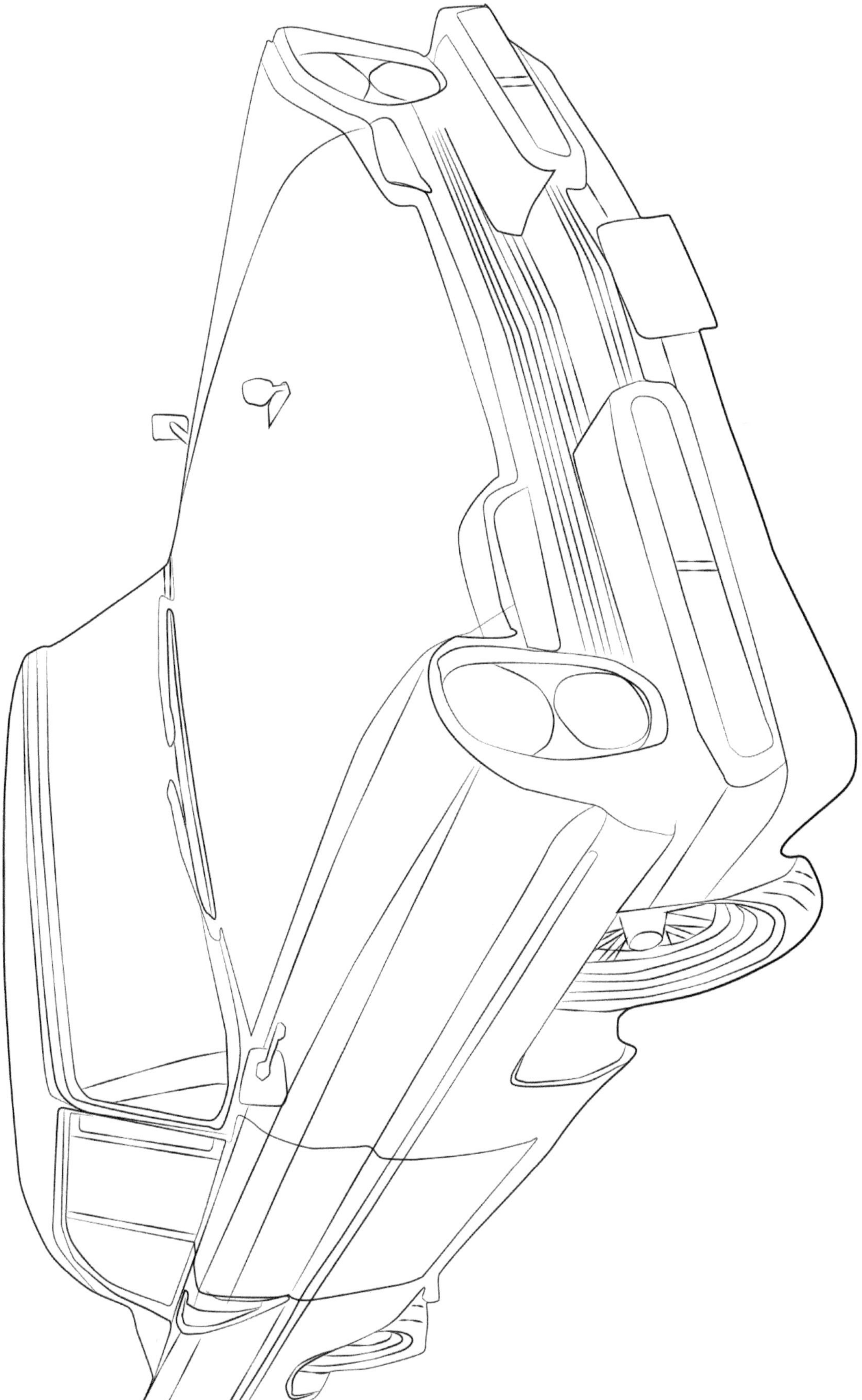

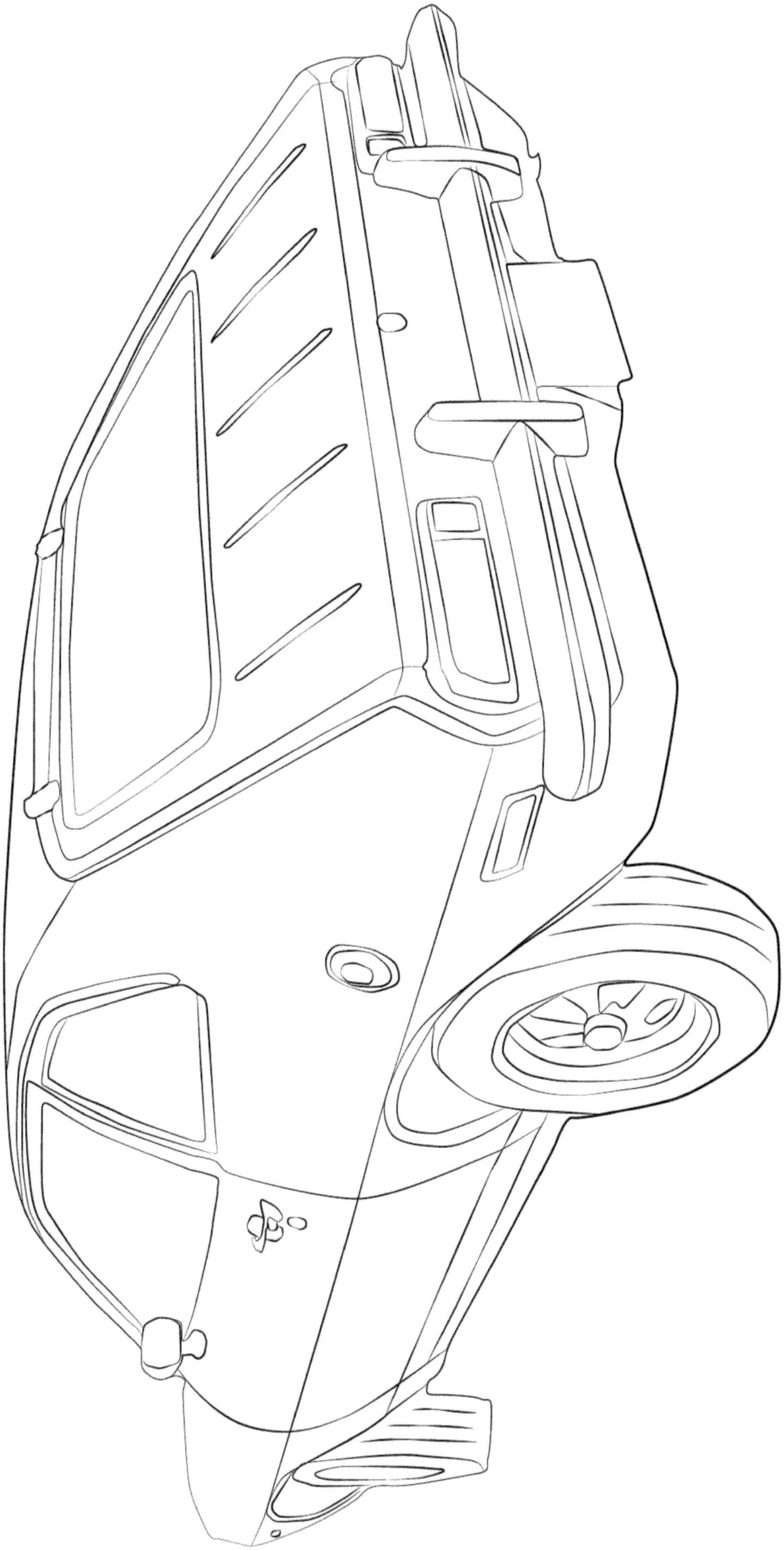

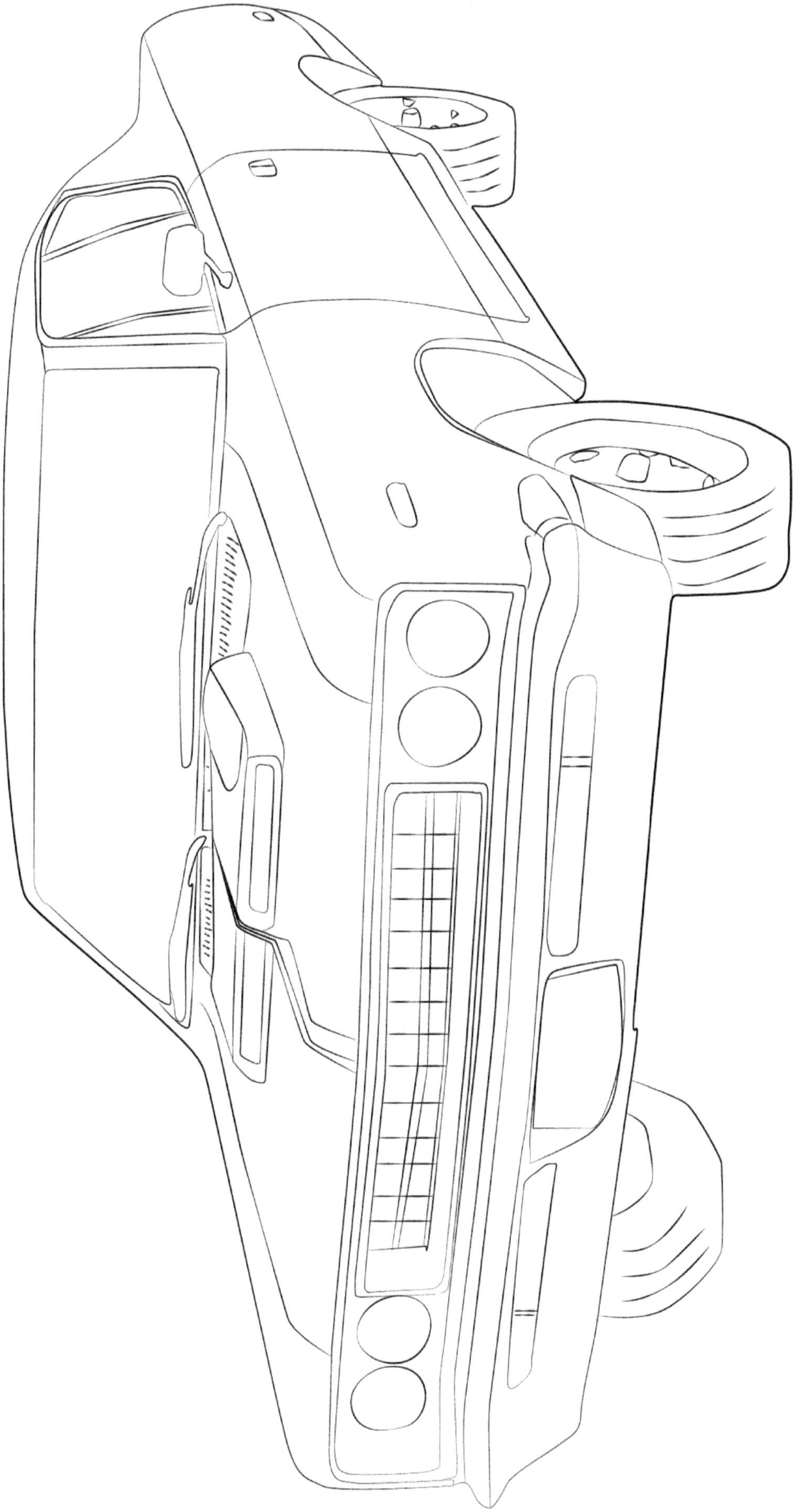

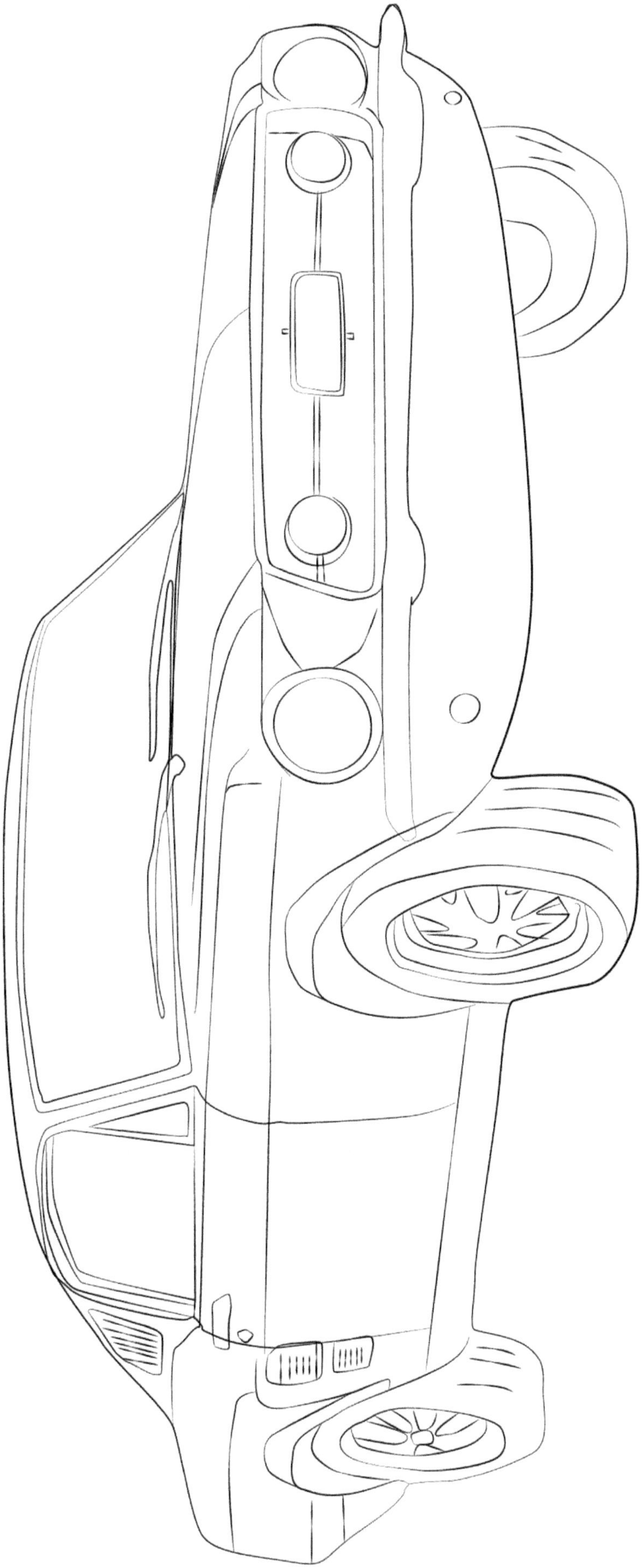

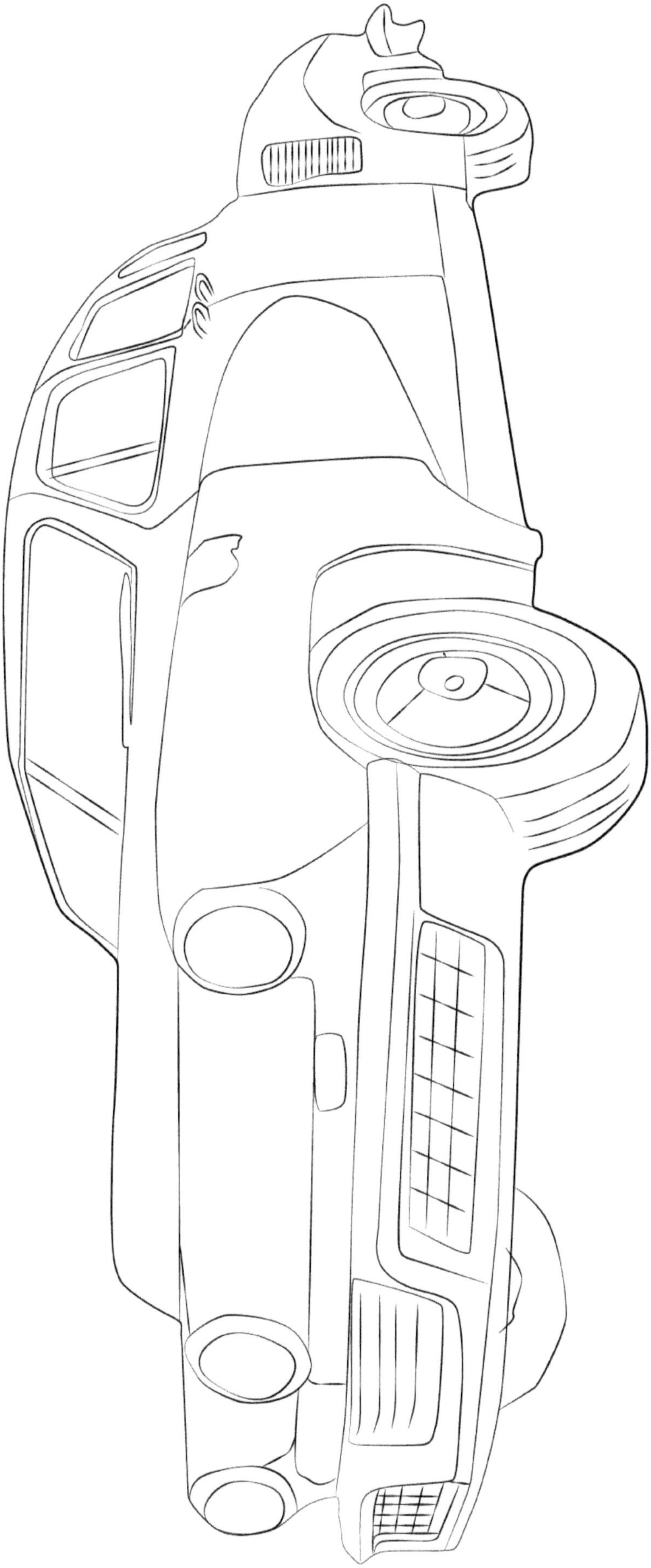

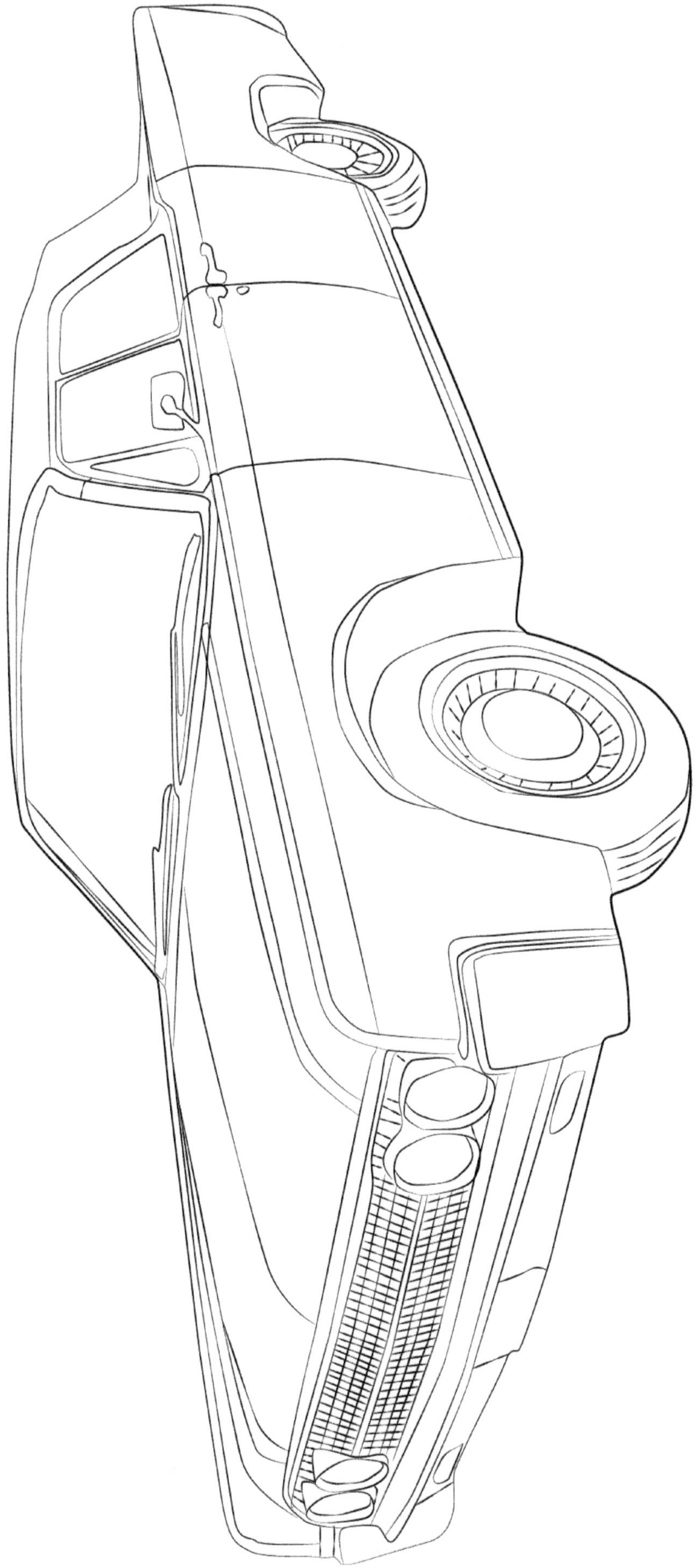

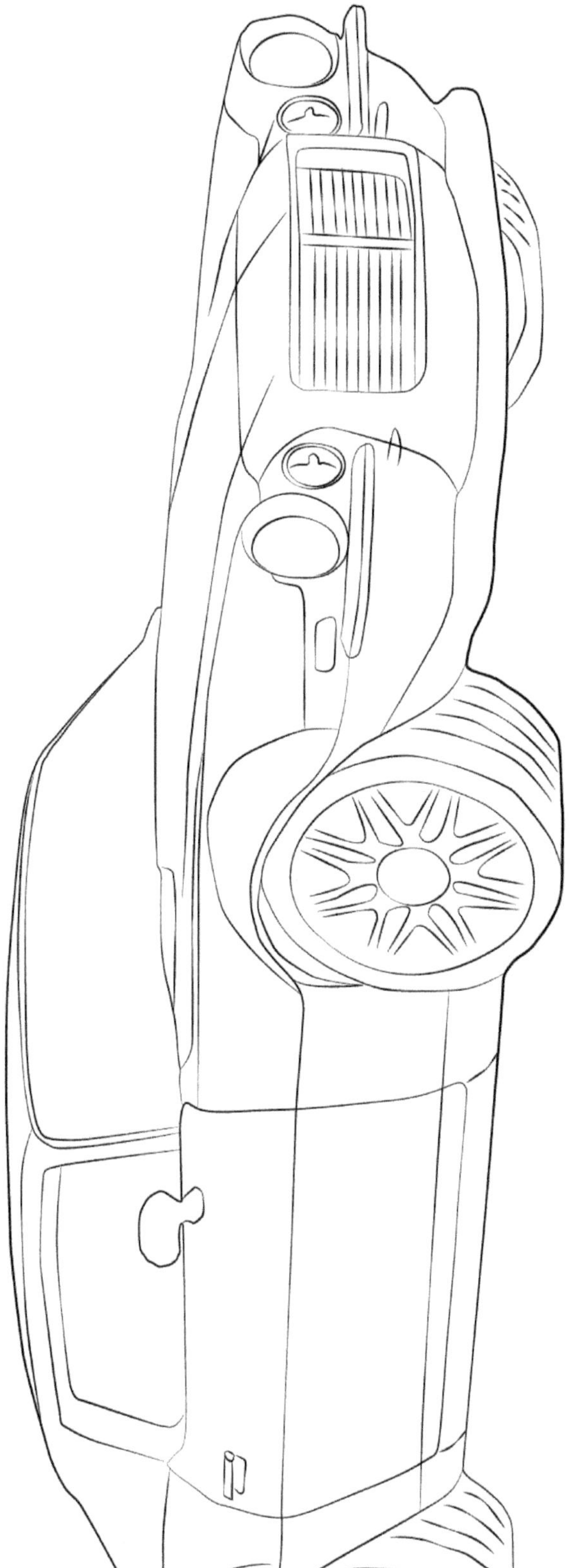

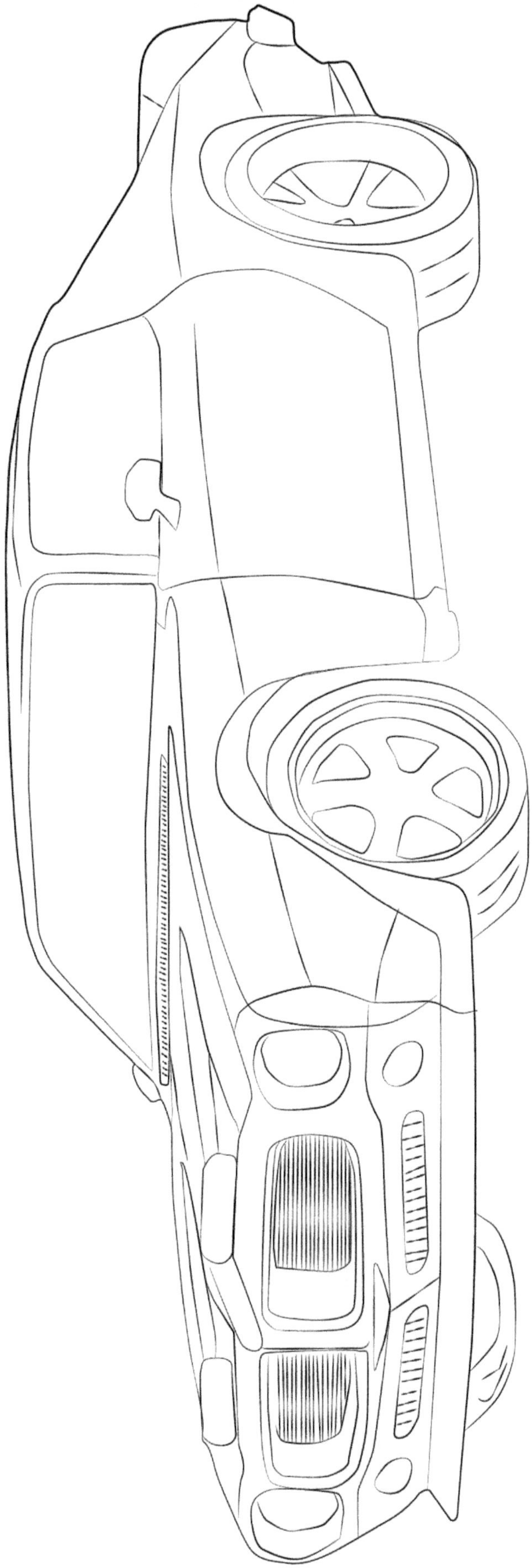

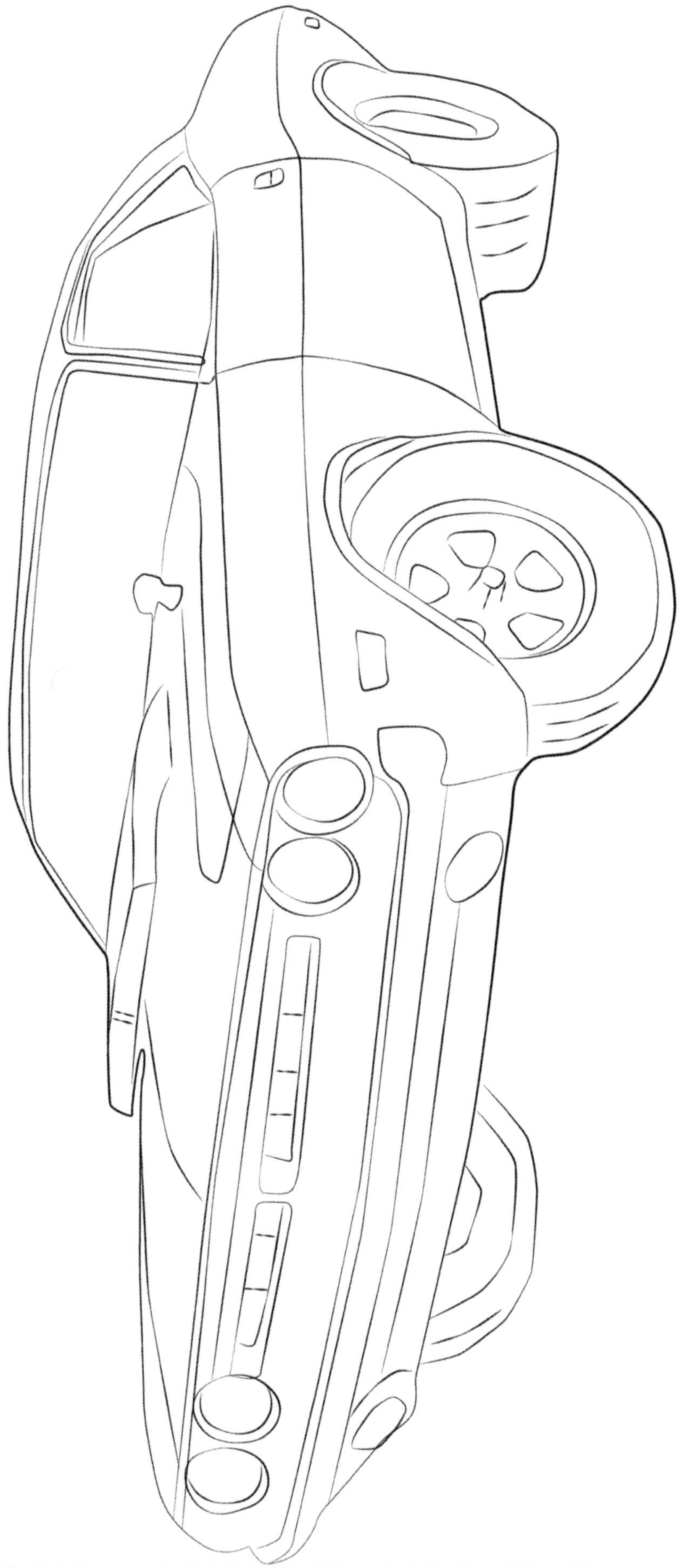

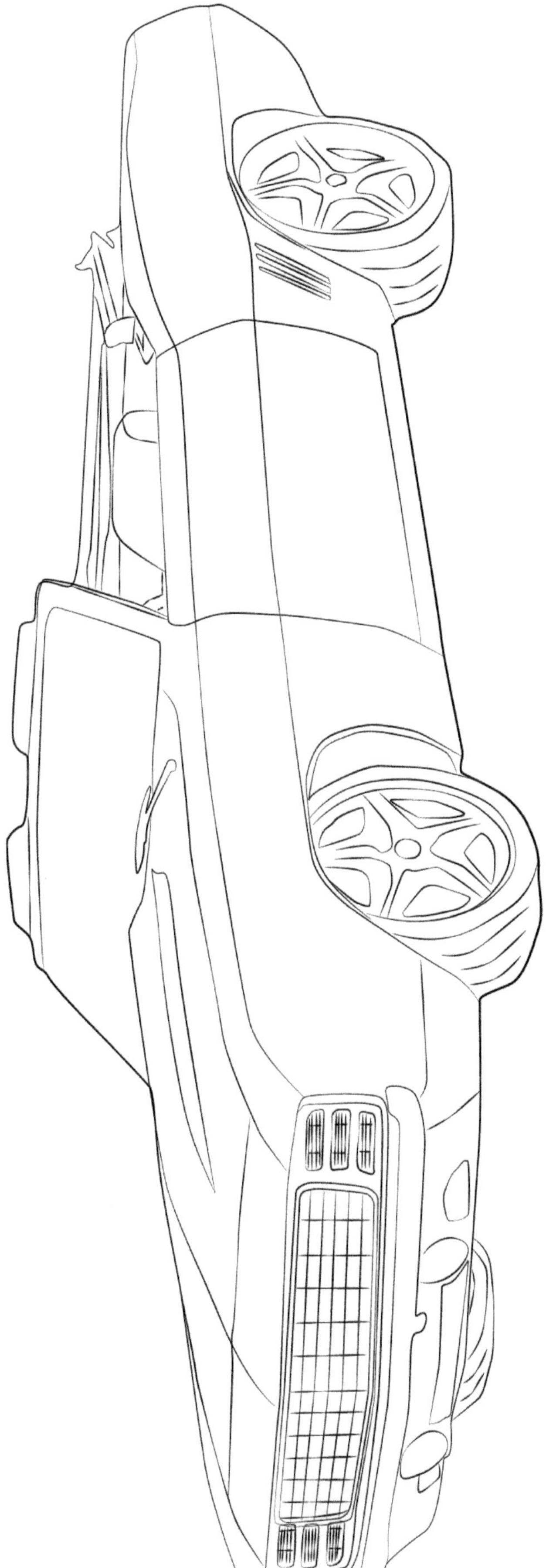

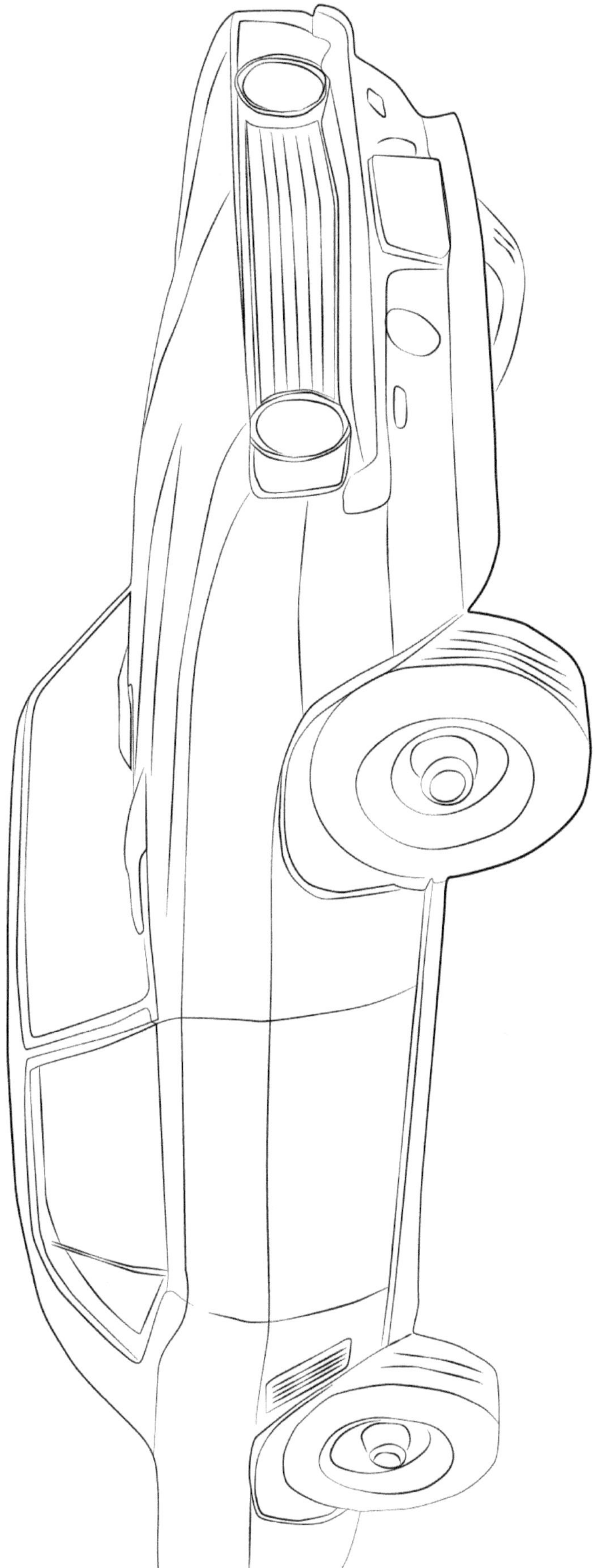

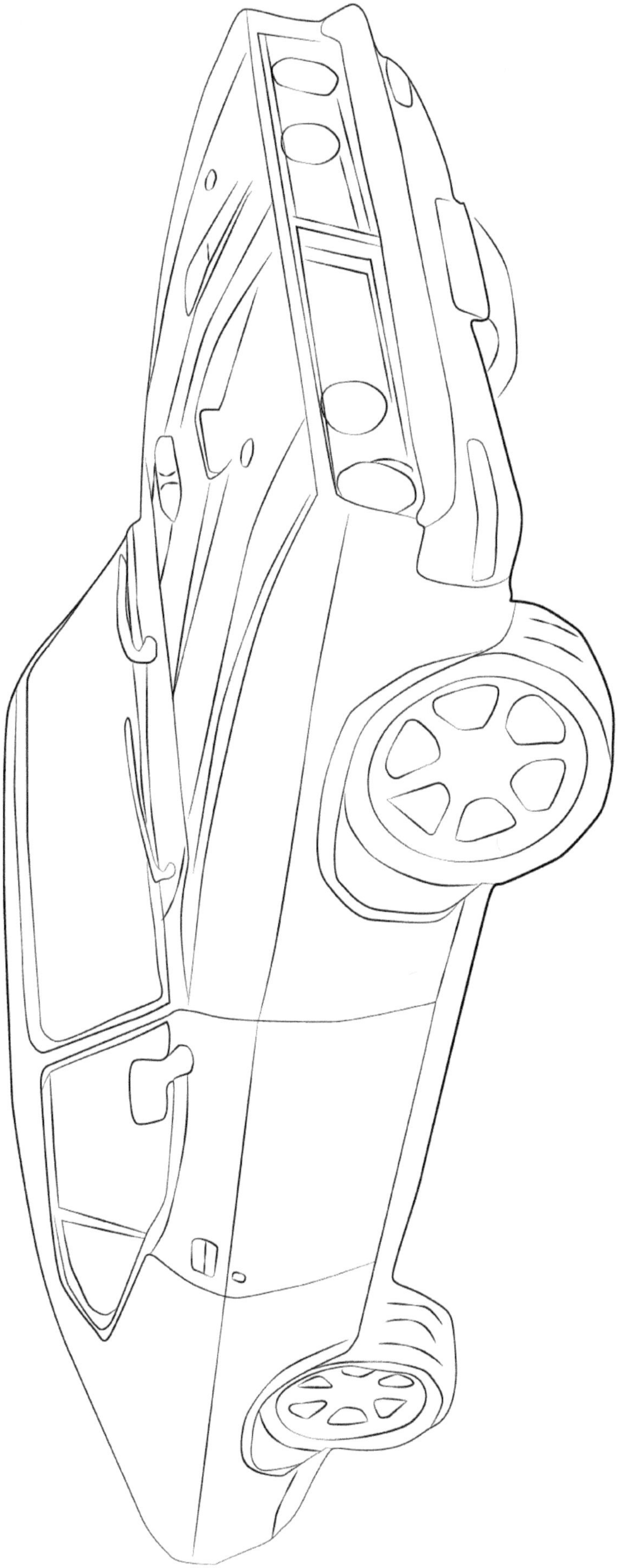

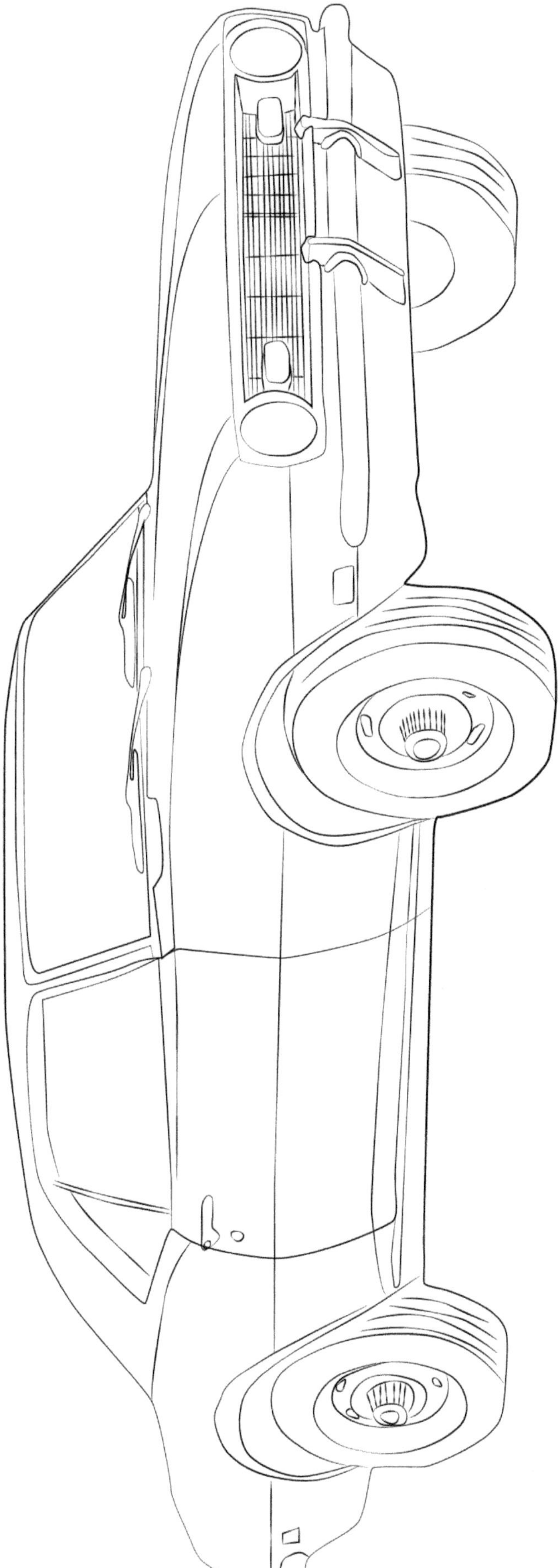

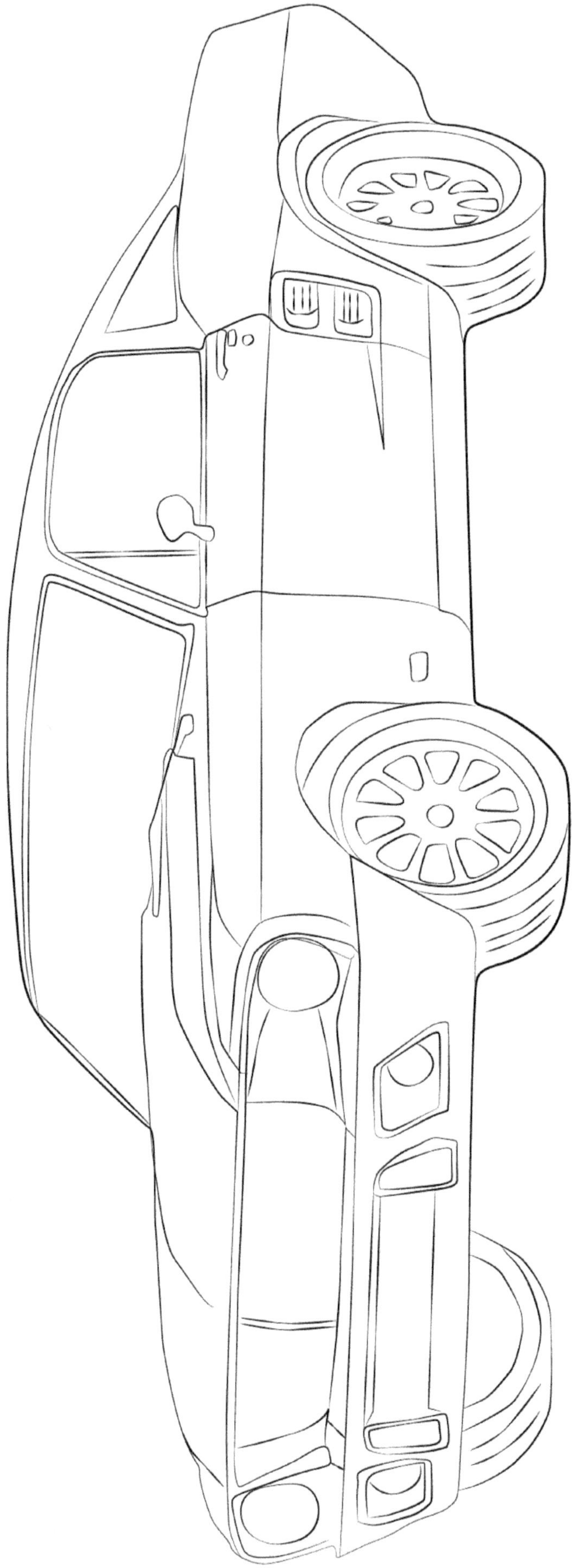

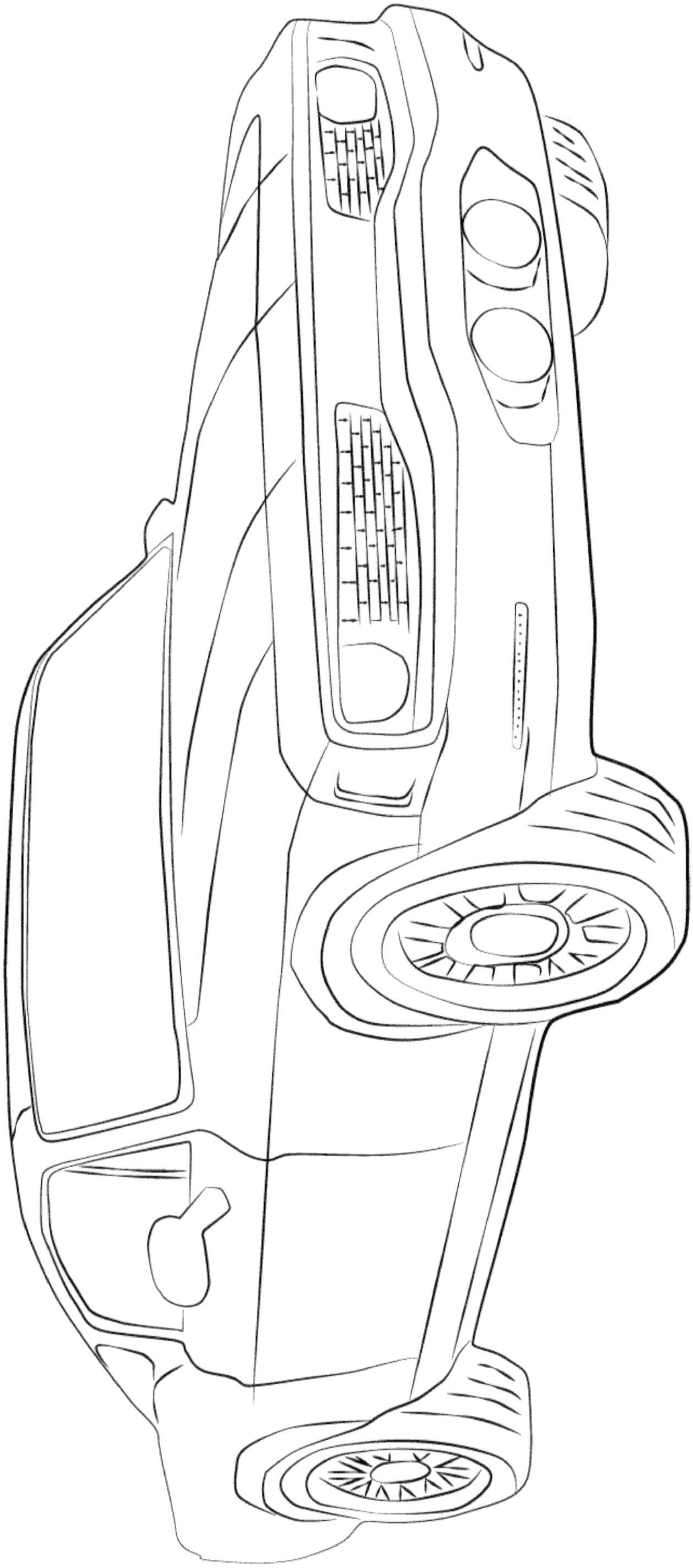